Bordesholmer Edition
Bd. 30

2. Auflage Dezember 2016

Gäste bewirten macht Freude.

Uns jedenfalls.

Aber es darf kein Stress sein.

Übrigens:
Faulheit
ist eine Form von
Intelligenz

Jürgen Baasch und Hartmut Wiedling

Rezepte für den faulen Hausmann

Gastronomische Anregungen
für Bordesholm und Umgebung

Inhalt:

Zur Geschichte der Gastronomie
im Bordesholmer Land 5

Zur Zielsetzung dieses Büchleins 8

Zum Inhalt dieses Büchleins 9

Liste der empfohlenen Restaurants 12

Zur Geschichte der Gastronomie im Bordesholmer Land

Was macht eine funktionierende Region aus? Wir sind sicher: Ohne ansprechende Gaststätten geht nichts. Zu einer richtigen Gemeinde gehörten schon immer das Rathaus, die Kirche und mindestens ein Krug. Im Rathaus kümmern sich Beamte um das Gemeinwohl, in der Kirche Seelsorger um das geistige Wohl und in der Wirtschaft Gastronomen um das leibliche Wohl. Was aber lehrt uns Bert Brecht: Erst kommt das Fressen, dann die Moral. Das war schon im Mittelalter so. In den Klöstern nahmen Ritter und Fürsten Gastrecht. Im Bordesholmer Augustiner Chorherrenstift soll die Bewirtung mit gutem Essen und Trinken zu den Lieblingsbeschäftigungen der Chorherren gehört haben. Aber auch für Arme war gesorgt: Im „Roden Huus" am Rande der Klosterinsel wurden Bedürftige verpflegt. Nach der Klosterzeit entwickelte sich die Gastronomie im Bordesholmer Land unter der strengen Aufsicht der Amtmänner nur langsam.
Nachdem die Kiel-Altonaer Chaussee 1832 fertiggestellt war, siedelten sich entlang der Trasse etliche Gastwirtschaften an. Das Angebot reichte vom einfachen Ausspann bis zu Speiselokalen und Hotels. Im „Ausspann" konnten die Pferde versorgt und kleinere Reparaturen am Wagen vorgenommen werden. Beispiele sind der „Catharinenberg", das Hotel „Seestern" und der „Bärenkrug" in Molfsee, in Rumohr der Landgasthof „Zum Rothenhahn", in Grevenkrug der „Auerhahn", in Bordesholm der „Neue Haidkrug" (heute Seniorenwohngemeinschaft) und in Einfeld das Restaurant „Schanze am See". Einen weiteren Aufschwung für die Gastronomie brachte die Eröffnung der Bahnlinie von Altona nach Kiel. In der Bahnhofsnähe entstanden Lokale und Hotels. In Bordesholm war es das „Landhaus", heute „Eiscafé Venezia". Eine Übersicht über die Gastwirtschaften vor dem 1. Weltkrieg gibt der im Jahre

1913 von der Verlagsdruckerei Nölke (heute Bürgerhaus) herausgegebene „Almanach für den Luftkurort Bordesholm". Der Titel weist auf die Bedeutung des Ortes für den Fremdenverkehr und das Gastgewerbe hin. Es überrascht die Vielzahl der Restaurants, Cafés und Hotels im Bordesholmer Land. In dem Almanach wird bei der Empfehlung von Wanderungen nicht nur auf Sehenswürdigkeiten und Naturschönheiten hingewiesen, vielmehr werden auch Gaststätten vorgeschlagen.

In der Weimarer Zeit wurde die gastronomische Tradition im Raum Bordesholm erfolgreich fortgesetzt. Von Kaffeezügen aus Kiel und Neumünster wird berichtet. Man fuhr mit der Bahn zum Bordesholmer Bahnhof, wanderte zum See oder in die Natur, um sich dann in einem der vielen Lokale verköstigen zu lassen. Eine Bahnfahrt (Hin- und zurück!) kostete 40 Pfennige. Viel besucht waren – und sind – die Klosterkirche mit dem Lindenplatz, das Klosterufer und der Wildhof. Bis 1932 war Bordesholm Kreisort, in dem viele Besprechungen und Sitzungen mit Teilnehmern aus dem gesamten Gebiet des Kreises Bordesholm und darüber hinaus abgehalten wurden. Auch das trug zur Entwicklung des Hotel- und Gaststättengewerbes bei.

In der Zeit nach dem 2. Weltkrieg nahm das Gaststättenwesen auch in Bordesholm durch die zunehmende Mobilität der Menschen einen großen Aufschwung. Auch die Verwaltungsschule, heute Verwaltungsakademie, führte junge Leute oft erstmals nach Bordesholm – viele kamen wieder. Die zahlreichen verschiedenartigen Gaststätten im Bordesholmer Land, die zugleich ein Stück Heimat- wie Familiengeschichte widerspiegeln, fanden und finden großen Zuspruch und sind auch heute noch Visitenkarte der Region. Gerade erst hat die Ausstellung **"Gast-Stätten im Wandel - Bordesholm 1950 - 2000"** Anzeigen, Postkarten, historische Aufnahmen sowie Dokumente und Objekte aus der vielfältigen Gastronomieszene der letzten Jahrzehnte gezeigt. Historische und aktuelle Fotos wurden gegenübergestellt, Erinnerungen geweckt und auf einer Zeitachse der Wandel dokumentiert. Und Letzterer ist auch in der Gastronomie das einzig Beständige.

Die Gastronomie im Bordesholmer Land ist bunt und vielfältig. Hier gibt es noch den gemütlichen Landgasthof mit selbstgebrautem Bier, das Café mit dem selbstgebackenen Kuchen und der Sahnetorte. Vom rustikalen Steak bis zum veganen Menü können Sie hier alles entdecken. Frisch serviert im Bunten Bordesholmer Land.

Literatur

Paul Steffen in Zusammenarbeit mit der Arbeitsgemeinschaft Heimatsammlung: Eine gastronomische Reise durch das Amt Bordesholm. Bordesholm 1991

Rolf Pohlmeyer: Historische Gasthäuser an der Kiel – Altonaer Chaussee. Jahrbuch des Geschichtsvereins für das ehem. Amt Bordesholm. 12. Jahrgang 2010

Zur Zielsetzung dieses Büchleins

Liebe geht durch den Magen.
Da haben es die Frauen gut. Sie verstehen es, mit ihrer Kochkunst ihre Liebe zu beweisen und über den Magen des oder der Bewirteten das zu erlangen und zu erhalten, was das Sprichwort als Lohn verspricht. Natürlich nur, falls sie gut kochen können und bereit sind, die Zeit zu opfern, um für Gaumen und Magen ihrer Liebsten schöne Mahlzeiten zu bereiten – eine Doppelqualifikation, die heute nicht mehr selbstverständlich ist.[1]

Die armen, armen Männer dagegen können das nicht. Haben nicht gelernt zu kochen. Wollen es auch nicht lernen. Wirklich galante Männer werden doch dem geliebten Wesen nicht Konkurrenz machen, indem sie der Hausfrau zugeschriebene Tugenden selbst in die Hand nehmen und Gefahr laufen, ihr den Teppich unter den zarten Füßchen wegzuziehen... Denkt man gemeinhin. Aber – ach lassen wir das ...[2]

Immerhin gibt es noch genügend Relikte aus jener „guten alten Zeit". Und wenn nun so ein traditioneller und somit galanter Mann – natürlich möchte er nicht ‚Hausmann' genannt werden – trotz seiner diesbezüglichen Unfähigkeit durch jenen Verdauungstrakt, durch den die Liebe geht, (s.o.), ebendiese erzeugen oder zeigen möchte? - Pech gehabt.
- Pech gehabt? Richtig - als dieses Büchlein noch nicht geschrieben war, das den faulen Hausmann[3] in die Lage

---

[1] Frauen sind ja längst nicht mehr so wie Frauen waren, als Frauen noch Frauen waren – sanft und engelgleich ...
[2] Auch Männer sind heute nicht mehr so wie Männer waren, als Männer noch Männer waren...
[3] Und warum nicht auch die moderne, des Kochens abholde, unfähige oder unwillige faule Hausfrau?

versetzt, sich ohne eigene Kochkunst und große Mühen[4] in den Magen seiner Liebsten einzuschmeicheln.

Mögen die Anregungen den genannten Missständen wirkungsvoll abhelfen!

Zum Inhalt dieses Büchleins

Nachdem unser **„Kochbuch für die faule Hausfrau"**[5] so viel Anklang gefunden hat, wollen wir mit diesem Band **„Rezepte für den faulen Hausmann"** für ein wenig Gleichberechtigung sorgen.

Wie der Untertitel **„Gastronomische Anregungen für Bordesholm und Umgebung"** andeutet, nennen und empfehlen wir einige Restaurants, deren Besuch sich nach unserer Meinung lohnt.

Zu jedem der aufgeführten Betriebe findet der Leser in Stichworten, was uns an dem Restaurant besonders gefallen hat, Informationen über Anschrift, Telefon, Entfernung, Öffnungszeiten und die Website sowie einen Ausschnitt aus der Speisekarte.

Letzteres ist naturgemäß ziemlich problematisch. Einerseits ändern sich die Speiseangebote und auch die Preise ständig. Außerdem haben fast alle Gaststätten neben ihrem Standardangebot unter Anderem wechselnde saisonbedingte Angebote wie Spargel, Muscheln, Grünkohl, Wildgerichte und typische Gerichte der Weihnachtszeit.

Dennoch schien es uns wichtig, einen Auszug aus den Speisekarten abzudrucken, um einen ungefähren Eindruck über die Art des Speiseangebots und das Preisniveau (Stand

---

[4] Mühen machen nur nervös, und in einem solchen Zustand möchte sich niemand unter der genannten Zielsetzung dem Magen seiner Liebsten ausgerechnet beim Essen präsentieren.
[5] Band 11 der Bordesholmer Edition, eine kleine Sammlung einfacher Rezepte. Hinweis zum Titel anschreckenden Titel auch dort: „Übrigens, Faulheit ist ein Zeichen von Intelligenz".

November 2016) zu vermitteln. Beim Abdruck haben wir, soweit es möglich war, Ausschnitte aus den Original-Speisekarten eingescannt, was in einigen Fällen allerdings wegen der Schriftgröße ein wenig auf Kosten der Lesbarkeit geschah.

Natürlich können wir, die Herausgeber, keine Garantie für die genauen aktuell angebotenen Speisen und ihre Preise übernehmen. Und auch die Angaben zu den Öffnungszeiten unterliegen zum Teil ebenfalls jahreszeitlichen Schwankungen.

Zur Information finden Sie aber zu jedem Betrieb die www. – Internetanschrift (meist mit der aktuellen Speisekarte) und für Rückfragen die Telefonnummer. Letztere sollten Sie ohnehin vor ihrem Besuch zur Platzreservierung nutzen, denn es ist in den meisten Gastronomiebetrieben in Schleswig-Holstein inzwischen dringend anzuraten, im Voraus einen Tisch reservieren zu lassen, zumindest für abends während der Hauptspeisezeiten.

Für die Auswahl entscheidend war neben der Einschätzung der Küche vor allem die Atmosphäre und die Umgebung der ausgesuchten Betriebe.

Dies gilt insbesondere für unsere „Geheimtipps", in der Kategorie ‚lohnende Ausflüge':

Die aufgeführten Betriebe in Dänisch-Nienhof und Plön bieten neben ihrer Küche vor allem herrliche Aussicht auf die Ostsee bzw. über den Plöner See, am schönsten sicherlich zum Sonnenuntergang nach einer Wanderung, denn man hat von dort aus beste Wandermöglichkeiten direkt vom Hause aus.

Der Wikingturm in Schleswig ist eine Besonderheit wegen seiner herrlichen Aussicht vom 26. Stockwerk aus über Schleswig und die Schlei. Außerdem lohnt sich der Besuch auch bei schlechtem Wetter: Ganz nahe befindet sich Schloss Gottorf und das benachbarte Landesmuseums, und immer lohnend ist der Besuch des alten Fischerholms und – vor allem für uns Bordesholmer – der Dom mit dem

‚Bordesholmer Altar' von Hans Brüggemann, den wir so gern wieder zurück in unserer Klosterkirche hätten.

In Bordesholm selbst überrascht vielleicht die Erwähnung der ‚Seeterrassen'. Der Neubau mit seiner namengebenden Terrasse und dem ansprechenden Innenraum ist ein idealer Platz zur Rast nach einer genüsslichen Seeumrundung. Die Küche bietet keine ‚Nouvelle Cuisine' aber einfache kleine Gerichte, auch für Kinder, die die Einkehr gewiss besonders wegen der Seenähe mit Badestelle und Spielplatz lieben werden.

Das andere Extrem in unserer Auswahl ist ‚Makkarita': Hier gibt es raffinierte mediterrane Genüsse, vorzugsweise unter Verwendung heimischer (hiesiger) Zutaten. Das Besondere: Hier können Sie am Vortage (bei besonderen Wünschen besser noch rechtzeitiger) mit der Wirtin persönlich besprechen, was für ein spezielles Gericht sie für Sie (und ggf. Ihre Freunde) zubereiten soll.

Liste der empfohlenen Restaurants

Gaststätten in Bordesholm 13
    Albatros 14
    Hotel/Restaurant Carstens 16
    Makkarita 18
    Bordesholmer Seeterrassen 20
Nähere Umgebung 23
    Zum Alten Haeseler 24
    Stoltenbergs Gasthof, Brügge 26
    Bissee: Antikhof Bissee 28
    Mühbrook: Hotel Seeblick 30
Internationale Küche 33
    Restaurant L.O.K.S. - Einfeld 34
    Restaurant Akropolis 36
    Italienisch: Villa Coloniale 38
    Restaurant Belgrad 40
Lohnende Ausflüge 42
    Wikingturm Schleswig 44
    Plön Restaurant Seeprinz 46
    StrandHaus Schwedeneck 48

Gaststätten in Bordesholm

GASTSTÄTTEN IN BORDESHOLM

Albatros

Was uns besonders gefiel:
Die Kombination von
Musik-Events und Steakhouse
Es gibt aber auch Vegetarisches, Burger und vieles mehr

Auszug aus der Speisekarte
Stand November 2016 (Änderungen vorbehalten)

Steaks & more vom Lavasteingrill

US Flank Steak -250g- € 19,90
aus dem unteren Rippenbereich, dem Sixpack, des Rindes,
Serviert wird dieses außergewöhnliche und in Deutschland leider ziemlich unbekannte
Steak tranchiert mit knusprigen Steakhausfritten, Sour Creme & Coleslaw

Rumpsteak von der Holsteiner Färse
mit einem kleinen Fettrand für die Saftigkeit.
Dazu servieren wir Steakhausfritten, Knobibaguette, Coleslaw & Kräuterbutter

Lady's Cut -180g-	€ 18,90
Regular Cut -240g-	€ 20,90
Cowboy Cut -350g-	€ 28,90

Pfeffersteak -240g- € 19,90
herzhaftes Rumpsteak im Pfeffermantel,
dazu Green-Pepper-Sauce, Steakhausfritten & Coleslaw

Lammfilet -180g- € 19,90
vom Neuseelandlamm - zart und fein im Geschmack
mit Rosmarin-Limonen-Kartoffeln, Sour Creme & Bohnen im Speckmantel

Steaktrilogie -240g- € 19,90
Lust auf Abwechslung? Dann bist Du hier richtig!
Je ein Putensteak, Schweinemedaillon & Lammfilet
mit Steakhauspommes, Pfannengemüse & Pfeffersoße

Surf'n'Turf -240g- € 24,90
Die besondere Kombination aus Meer und Land:
ein saftiges Rumpsteak mit 2 Black Tiger Riesengarnelen
auf zerlassener Kräuterbutter mit grünen Salaten.
Dazu servieren wir knusprige Bratkartoffeln.

Schweinemedaillons -240g- € 15,90
3 saftige Medaillons aus dem Filet, würzig im Geschmack
mit deftigen Bratkartoffeln & Champignonrahmsoße

Putensteak -240g- € 14,90
aus der Brust, naturell gebraten
mit knackigem Pfannengemüse & Champignonrahmsoße

nordisches Wildlachsfilet -240g- € 15,90
frisch aus dem Wasser auf den Grill,
serviert mit gemischtem Salat, dazu Steinofenbaguette

Gutschein für maximal zwei Personen:
10 % Rabatt beim ersten Besuch
Eingelöst am:

14

GASTSTÄTTEN IN BORDESHOLM

Vegetarisches

Pasta Olymp — € 12,90
schlemmen wie Zeus
pikantes Pfannengemüse mit Paprika, Zucchini,
Champignons & Zwiebeln auf Pasta mit Tomaten-Sahne-Soße
mit Fetakäse überbacken

Carpaccio von roter Beete — € 9,90
auf Ruccola mit Traubenkernöl und Steinofenbaguette

Ofenkartoffel Spezial — € 11,90
mit Sour Creme, dazu gem. Salat der Saison mit Housedressing
und knackiges Pfannengemüse

Veggie Burger — € 9,50
mit Gemüse-Patty, Tomaten, Salat, Gurken, Apfel-Chilisoße
und roten Zwiebelringen

American Burger

ALLE BURGER MIT 223G Rindfleisch (außer Veggie natürlich)

Classic Burger - im klassischem Sesambrötchen

Die Legende — € 10,90
mit Salat, Tomaten, Gurke, geb. Zwiebelringen,
Bacon, Cheddar Cheese & hausgem. Burgersoße

BBQ-Bacon — € 10,90
mit Salat, Tomaten, Cheddar-Cheese, Bacon, roten Zwiebelringen,
rauchiger Tomatensoße & Honig-Senf-Dressing

The Big Cheese — € 10,90
mit Cheddar & Swiss-Cheese, Salat, Gurken, Röstzwiebeln,
Remoulade und würzigem Ketchup

Modern Art - im knusprigem Kartoffel-Roggen-Brötchen

Big Albatros — € 10,90
mit Tomate, Salat, Cheddar-Cheese, roten Zwiebeln,
Bacon, Avokado-Mayonaise & Apfel-Chilisoße

Blue Mountain — € 10,90
mit Ruccola, Apfelscheiben, Blue-Cheese
& deftiger Feigen-Senf-Soße

Veggie Burger — € 9,90
mit Gemüse-Patty, Tomaten, Salat, Gurken, Apfel-Chilisoße
und roten Zwiebelringen

Western Burger — € 10,90
mit Salat, Tomate, Bacon, Spiegelei, Avocado-BBQ-Mayonaise,
BBQ-Sauce, Cheddar Cheese und Avocadoscheibe

Albatros Steaks'n'Music   w.albatros-bordesholm.de
Moorweg 70   24582 Bordesholm   Tel. 04322 752637

Geöffnet: Dienstags bis samstags 16.00 bis 23.00 Uhr
              Sonntags 16.00 bis 21.30 Uhr
(Montag geschlossen)

GASTSTÄTTEN IN BORDESHOLM

Hotel/Restaurant Carstens
Was uns besonders gefiel:
Zentrale Lage
Schmackhafte Holsteinische Gerichte, Wildgerichte
Jahreszeitlich wechselnde Angebote
Säle verschiedener Größe für Familien- und Vereinsfeiern
4 Kegelbahnen

Auszug aus der Speisekarte
Stand November 2016 (Änderungen vorbehalten)

Tellergerichte:

Sauerfleisch
aus magerem Nackenfleisch mit Bratkartoffeln
9,60€

Kasselersteak
mit Remouladensoße und Bratkartoffeln
9,90€

Bauernfrühstück
garniert mit Schinken und Gewürzgurke
8,40€

3 Spiegeleier
auf Bratkartoffeln
und gemischtem Salat
7,90€

1/2 gebackenes Hähnchen
frisch zubereitet (25 Min) mit Baguette und Butter
6,30€
mit Pommes frites
7,50€

Currywurst
mit Brot, Pommes frites oder Bratkartoffeln
5,50€

Holsteiner Katenschinkenbrot
auf 2 Scheiben Schwarzbrot + Gewürzgurke
8,00€

Abendbrotplatte
Aufschnitt, Käse, Ei, Sauerfleisch,
1 Matjesfilet, Sahnesoße,
Brot und Butter
8,50€

GASTSTÄTTEN IN BORDESHOLM

Wildkarte (saisonabhängig)

Scharfe Entensuppe
3,80 €

Hirschkalbsbraten
Hirschkalbsbraten mit einer Rotweinsoße,
angerichtet mit gebackener Banane,
gefüllte Birne mit Preiselbeeren und Champignons
16,30 €

Barbarie Entenbrustfilet
Entenbrustfilet mit eienr Orangensoße und Preiselbeere
16,30 €

Wildschweinbraten
mit Pfifferlinge, Champignons und Pfirsich,
gefüllt mit Preiselbeeren
16,30 €

Wildgulasch
mit Champignons, Rotkohl und Salzkartoffeln
14,20€

Wildrollbraten
mit frischen Champignons,und Birne gefüllt
mit Preiselbeeren, einer Rotwein - Wacholdersoße
13,90 €

Wildplatte - ab 2 Pers.
Entenbrustfilet, Wildsteak und Hirschbraten
Champignons, Pfifferlinge gefüllte Birne mit Preiselbeeren
gebackene Banane und Rotweinapfel
17,90 € / Pers.

Beilagen zu Gerichten (außer Wildgulasch)
Rotkohl oder Gemüse der Saison
Salzkartoffeln, Klöße oder Rösti Taler

Hotel/Restaurant Carstens   www.hotel-carstens de
Bahnhofstraße 23   24582 Bordesholm
Tel. 04322 75800
Geöffnet: Mo-So 11.30 – 22.00 Uhr
Küche: 11.30-14.00 und 18.00-22.00 Uhr

Makkarita

Was uns besonders gefiel:
Auf Wunsch kocht die Wirtin und Köchin für ihre Gäste (fast) alles, was sie wollen.
Die Wirtin hatte früher ein großes Restaurant in Hamburg, und ihre Spezialität sind raffinierte mediterrane Gerichte. Aber es gibt auch alles andere!!

Auszug aus der Speisekarte
Stand November 2016 (Änderungen vorbehalten)

Grundkonzept der täglich wechselnden Speisekarte: regionale Erträge aus Land- u. Fischwirtschaft zu mediterranen Gerichten alla MAKKARITA gestaltet.

GASTSTÄTTEN IN BORDESHOLM

Auszug aus einer winterlichen Speisekarte €

Bruschetta mit Gänselebertagout   8,-

Steckrübenscheibe in Salbeibutter gebraten
auf Orangenfeldsalat   7,-

Hausgemachte Fettuccine mit blanchiertem
Grünkohl und Pinienkernen   12,-

Spaghetti alla pugliese - Rindfleisch -
Hackbällchen in pikanter Tomatensauce   10,50

Makrele alla pizzaiola, mit Kapern, Sardellen, Tomaten 14,50

Heringsfilets al rosmarino in hausgemachtem
Aceto balsamico gebraten   10,50

Ossobuco alla milanese   18,-

Lammfilet in Tiroler Speck auf Wirsingkohl   19,50

Bollito misto: Huhn, Rind, Zunge in Brühe   21,50
  1. Gang: Brühe mit feinen Nudeln
  2. Gang: Gekochtes mit salsa verde auf Salat

Rotweinfrüchtekuchen vom Amarone della Valpolicella   6,-
mit Vanilleeisnsauce

Makkarita   www.makkarita.de
24582 Bordesholm   Mühlenstr. 5
Tel.: 04322 88 88 00
Geöffnet: Dienstag – Samstag 18-22 (große Karte)
Dienstag - Freitag 16-22 (kleine Karte)

GASTSTÄTTEN IN BORDESHOLM

Bordesholmer Seeterrassen

Was uns besonders gefiel:
Direkt an der Seebadestelle - mit Spielplatz
Terrasse mit Blick über den Bordesholmer See
Wanderweg um den Bordesholmer See vom Haus aus
Einfache Schnellgerichte
Ideal für Familien mit Kindern

Auszug aus der Speisekarte
Stand November 2016 (Änderungen vorbehalten)

Achtung:
Das Speisenangebot ist Saisonschwankungen unterworfen:
Im Winter besteht mehr Auswahl als im Sommer

CURRYWURST & POMMES — 5,80 €
Riesencurrywurst (180 g) mit leckerer Sauce dazu Pommes frites und kleiner Krautsalat

CURRYWURST EXTRA HOT — 5,80 €
Riesencurrywurst (180 g) mit extrascharfer Sauce dazu knusprige Pommes frites und kleiner Krautsalat

CURRYWURST DE LUXE — 6,80 €
*– Stolz des Hauses –
Riesencurrywurst (180 g) und edler Madras-Curry mit hausgemachter süß-scharfer Tomatensauce, dazu knusprige Pommes frites und leckerer Beilagensalat*

CURRYWURST SOLO — 3,50 €
Riesencurrywurst (180g) mit leckerer Sauce und Brot

CHICKEN CROSSIES — 7,20 €
Panierte Hähnchenfiletstücke mit Sauce nach Wahl, dazu knusprige Pommes frites und ein Beilagensalat

HÄHNCHENSCHNITZEL — 8,50 €
Panierte Hähnchenbrust mit Sauce nach Wahl, dazu Kartoffelrösti mit Sour Cream und ein kleiner Salat

CHICKEN WINGS — 8,80 €
*Große Portion knuspriger Chicken Wings (12), dazu Sauce nach Wahl und ein frischer Beilagensalat
Auf Wunsch dazu Pommes frites: + 2,00*

Dip-Saucen: Curry, Asia (süßsauer) oder Hot Chili

Eingelöst am:
Gutschein für maximal zwei Personen:
10 % Rabatt beim ersten Besuch

GASTSTÄTTEN IN BORDESHOLM

Pommes Frites
Ketchup o. Mayo +0,20 / rot-weiß + 0,30 / spezial +0,70€   2,00 €

Kartoffelrösti
3 Kartoffelrösti mit Sour cream   3,00 €

Ofenkartoffel Solo
Große Folienkartoffel mit Sour Cream, dazu Krautsalat   4,20 €
(als Menü mit Chicken Crossies und gem. Salat 8,80 €)

Süsse Kartoffelpuffer
4 knusprige Kartoffelpuffer mit viel fruchtigem Apfelmus   4,20 €

Nürnberger Bratwürstchen (7)
Herzhafte Minibratwürstchen mit Kartoffelrösti, dazu Sour cream und ein kleiner Krautsalat   6,00 €

Wikinger Menü
Leckerer Hot Dog mit Pommes frites spezial (rot-weiß und Röstzwiebeln)   5,50 €

Bouletten - Burger
Saftige Frikadelle mit Röstzwiebeln, Saucen und Salat im Brötchen, dazu Pommes frites
(auf Wunsch als Cheeseburger + 0,50)   5,50 €

Hot Rod Teller
Zwei saftige Frikadellen mit viel scharfer Sauce, dazu knusprige Pommes frites   6,00 €

Heisser Maiskolben
Leckerer, heißer Maiskolben mit Butter und Gewürz   2,20 €

Gebackene Camembert
2 gebackene Camembert mit Preiselbeerdip   4,40 €

Fisch & Chips
Knusprige Fischnuggets mit leckeren Pommes frites und Knobi-Sauce oder dänischer Remoulade   7,80 €

Bordesholmer Seeterrassen
www.bordesholmer-seeterrassen.de
Seestrasse 1a   24582 Bordesholm
Telefon: +49 4322 444 90 80
Mi. - So. ab 11.00 Uhr durchgehend geöffnet

Nähere Umgebung

GASTSTÄTTEN DER UMGEBUNG

Zum Alten Haeseler

Was uns besonders gefiel:
Alter ländlicher Familienbetrieb
Authentische Holsteinische Küche
Speziell: Für Gesellschaften ab 20 Personen reichhaltige
Buffets: z.B. „Rustikales", „Mediterranes" oder
„Spezialitätenbuffet"

Eingelöst am:

Gutschein für maximal zwei Personen:
10 % Rabatt beim ersten Besuch

Auszug aus der Speisekarte
Stand November 2016 (Änderungen vorbehalten)

Hauptgerichte:

paniertes Schweineschnitzel mit Champignons*	10,50 €
paniertes Schweineschnitzel „Hamburger Art" (mit 2 Spiegeleiern belegt)*	11,50 €
paniertes Schweineschnitzel „Hawaii" (mit Ananas und Käse überbacken)*	11,50 €
Putenschnitzel mit Sc. Hollandaise und buntem Gartengemüse*	11,50 €
frisches Holsteiner Färsenrumpsteak mit Kräuterbutter, Zwiebeln & Pilzen*	16,50 €
hausgemachtes Sauerfleisch mit Remouladensoße und Bratkartoffeln	9,50 €
geräucherte Putenbrust mit Remouladensoße und Bratkartoffeln	9,50 €
2 Matjesfilets mit Hausfrauensoße und Bratkartoffeln	9,50 €
Bauernfrühstück	8,00 €
Negenharrier Katenschinkenbrot	8,50 €
Currywurst mit Ketchupsoße und Pommes	5,80 €

Zu den mit * gekennzeichneten Gerichten können sie folgende Beilagen wählen:
Bratkartoffeln, Pommes, Kroketten oder Ofenkartoffel mit Sour Cream

GASTSTÄTTEN DER UMGEBUNG

Rustikales Holsteiner Buffet
(Ab 20 Personen)

Kartoffelcremesuppe mit Fleischklößchen & Knusperspeck

*****

Schinkenkrustenbraten mit Rahmsoße
gebratene Flugentenbrust an Orangensoße
Rinderschmorbraten mit Champignons
Kartoffelgratin, Salzkartoffeln, Bratkartoffeln
bunte Gemüseplatte mit sc. Hollandaise

*****

Hausgemachtes Sauerfleisch mit Remouladensoße
Kasslerröllchen und geräucherte Putenbrust
Roastbeefplatte
Negenharrier Mett
Käseauswahl
Matjesplatte an Hausfrauensoße
hausgebeizter graved Lachs
½ pikante Eier
Partyfrikadellen
Geflügelsalat
Frischer bunter Salat
Brotkorb & Butter

*****

Holsteiner rote Grütze
Vanilleeis mit heißen Kirschen

26,50 € p.P.

Zum Alten Haeseler   www.rixen-negenharrie.de
Dorfstraße 1, 24625 Negenharrie   Telefon: 04322 9715
Entfernung: 10 Km/12 Minuten
Öffnungszeiten:
Täglich außer Mittwoch 17.00 bis 21.00 Uhr

GASTSTÄTTEN DER UMGEBUNG

Stoltenbergs Gasthof, Brügge
Was uns besonders gefiel:
Uriger Landgasthof am idyllischen Dorfplatz in Brügge, Spezialität: gute heimische Küche.

Auszug aus der Speisekarte
Stand November 2016 (Änderungen vorbehalten)

Grünkohl mit Kochwurst, Schweinebacke

Nackenkassler und Karamellisierte Kartoffeln. 14,90 €

Spareribs mit Salat und Pommes. 14,90 €

Miesmuscheln in Weißwein, Salat und

hausgebackenem Brot. 14,90 €

Karpfen Blau

Mit Meerrettich, Salzkartoffeln und zerl. Butter. 14,90 €

Matjesträumerei

Ver. Matjes mit Bratkartoffeln. 14,90 €

Scampi mit Salat. Brot und Knoblauchsoße. 16,90 €

Hirschbraten oder Wildschweinbraten

Mit ver. Pilze

Rotkohl und Kroketten. 17,90 €

Vegan als 3. Gänge Menü. 18,90 €

Frische Schupfnudel mit Gemüse.

Pilzen, Rosmarin, Äpfel, Zwiebeln. 13,90 €

Eingelöst am:

Gutschein für maximal zwei Personen:
10 % Rabatt beim ersten Besuch

GASTSTÄTTEN DER UMGEBUNG

Spareribs mit Salat und Pommes.　　　14.90 €

Schwarze Nudeln mit Gemüse.

Pilzen, Rosmarin, Äpfel, Zwiebeln.　　　13.90 €

Nudeln mit Petersilie, Tomate, Paprika

Frischkäse, Kartoffeln　　　13.90 €

Rumpsteak mit ve. Pilzen

Bratkartoffeln und Salat.　　　19.90 €

Rumpsteak mit Pfeffersoße

hausge. Pommes und Salat.　　　19.90 €

Flankestek vom Rind Pilze

Bratkartoffeln und Salat.　　　19.90 €

Gänsekeule in Sauer

Überbacken. Dazu Bratkartoffeln.　　　14.90 €

Rübenmuss mit Nackenkassler u. Kochwurst.　　　9.90 €

Schnitzel mit Bratkartoffeln und Salat　　　10.90 €

Stoltenbergs Gasthof　www.stoltenbergs-gasthof.de
Am Markt 2, 24582 Brügge　Tel.: 04322 9754
Entfernung: 4 Km/6 Minuten
Geöffnet:
Mi, Do, Fr, Sa, So 12- 14.00 und 17:00 - 22:00 Uhr
Montag und Dienstag Ruhetag

Bissee: Antikhof Bissee

Was uns besonders gefiel:
Phantastisches Ambiente: Restaurierter Stall mit Kamin, Kerzen, antikem Mobiliar.
Ausgezeichnete anspruchsvolle Küche: von Holsteinischer Kost bis zum Gourmetmenu

Auszug aus der Speisekarte
Stand November 2016 (Änderungen vorbehalten)

Fleisch-Gerichte

Carpaccio vom Holsteiner Damhirsch — 13,80 Euro
mit Pesto-Vinaigrette, Salatbouquet, frisch gehobeltem „Alten Deichkäse", gerösteten Pinienkernen und Holzofenbrot

Ragout vom Bauernhahn — 18,50 Euro
mit bunter Reis-Linsen-Mischung im Brickteig, frischen Champignons und Markt-Gemüse der Saison

Bisseer Steakvariation von Rind, Schwein und Poularde (250 gr.) — 23,80 Euro
mit Röstzwiebeln und roter Balsamico-Zwiebel-Marmelade, Pfefferrahmsauce, Macaire-Kartoffeln und kleinem winterlichen Marktsalat

Zweierlei vom Husumer Weidelamm — 26,50 Euro
mit Lamm-Jus, Gemüse vom Muskatkürbis, Cashew-Pfeffer-Nüssen und gratinierten Kartoffeln

Fisch-Gerichte

„Bisseer Pfannfisch" — 20,50 Euro
Gebratene Fischfilets aus hiesigen Gewässern mit körniger Senfsauce, Bratkartoffeln und kleinem Marktsalat

Gebratene Kutterscholle — 22,50 Euro
mit Rosmarinspeck und Nordseekrabben, Pellkartoffeln und kleinem Marktsalat

Vegane und vegetarische Gerichte

„Himmel und Erde" vom Muskatkürbis mit Kartoffelpüree, sautierten Äpfeln und Röstzwiebeln (VEGAN)	14,50 Euro
Herbstgemüse aus der Pfanne und sautierte Landpilze mit geschmolzenem Owschlager Bärlauch-Feta auf hausgemachten Nudeln	14,80 Euro
Kartoffel-Gemüserösti mit hausgemachtem Kräuterquark, Marktsalaten und Gartenkresse	15,50 Euro

Salate

Marktfrischer Herbstsalat mit mariniertem Gemüse, Kräuter-Vinaigrette und Bio-Holzofenbrot-Chips	10,90 Euro
Dazu nach Wahl: Gratinierter Backensholzer Blauschimmel-Camembert mit Honig und Thymian	5,00 Euro
oder Poulardenbrust vom Grill	5,00 Euro
Schafmilch-Mozzarella in Honig-Nusskruste und Husumer Lammfilets vom Grill Chutney der Saison, Herbst-Salate mit Apfel-Senf-Dressing und Holzofen-Röstbrot	19,50 Euro
Land & Meer Spieß von der Deichlammhüfte, Riesengarnelen und Saiblings-Filet vom Grill mit Café de Paris-Butter, dazu Marktsalate mit Kräuter-Vinaigrette und geröstetes Knoblauchbrot	20,50 Euro

Antikhof Bissee   www.antikhof-bissee.de
Eiderstraße 13   24582 Bissee
Entfernung: 10 Km/11 Minuten
Tischreservierung (empfohlen): Telefon: (0 43 22) 25 00
Öffnungszeiten: Dienstag bis Freitag ab 18 Uhr
Samstag und Sonntag ab 12 Uhr

GASTSTÄTTEN DER UMGEBUNG

Mühbrook: Hotel Seeblick
Was uns besonders gefiel:
Terrasse mit Blick über den Einfelder See
Gute deftige Holsteiner Küche
Wanderwege um den Einfelder See und zum Bordesholmer See.

Auszug aus der Speisekarte
Stand November 2016 (Änderungen vorbehalten)

Schweinefilets im Speckmantel
auf Rahmwirsing und Schwenkkartoffeln
17,00 Euro

Gebratener Sußländer Schweinebauch
auf Sauerkraut
dazu Serviettenknödeln und dunkle Soße
14,80 Euro

Schleswig-Holstein Gericht:
Hausgemachter Grünkohl
mit Kassler, Kochwurst und Schweinebacke
wahlweise mit Bratkartoffeln oder gesüßte oder ungesüßte
kleinen runden Kartoffeln (Drillinge)
dazu Senf   13,80 Euro

Rumpsteak Jäger Art, medium gebraten
mit Zwiebeln und Champignons
dazu Holsteiner Bratkartoffeln
mit Speck und Zwiebeln
19,50 Euro

Pfeffersteak vom Rinderfilet
an pikanter Pfeffersauce
Kartoffelkroketten und bunte Salatvariationen an
hausbemachten Dressings
25,90 Euro

Nur während der Wildsaison:

Wildgulasch
mit Boskoprotkraut und Kroketten
14,50 Euro

Eingelöst am:

Gutschein für maximal zwei Personen:
10 % Rabatt beim ersten Besuch

GASTSTÄTTEN DER UMGEBUNG

Hausgemachtes Sauerfleisch

Mit Remouladensauce und Bratkartoffeln 9,90 Euro

Roastbeef Rosa kalt serviert

Mit Remouladensauce und Bratkartoffeln 12,50 Euro

Holsteiner Bauernfrühstück mit gewürfelten Katenrauchschinken und Gewürzgurke   9,90 Euro

Aus der kalten Küche

Holsteiner Schinkenbrot

mit echtem Katenrauchschinken auf Schwarzbrot & Gewürzgurke

10,00 Euro

Zartes Geflügel

Hähnchenbrust mit Süßkartoffelpommes Frites

Süß-sauer scharfer Dip und bunten Salatvariationen

15,90 Euro

Geschmorte Entenkeule

an Boskoprotkraut, Dauphinekartoffeln
und Orangencointreausauce

16,80 Euro

Pannfisch mit Senfsauce

Holsteiner Bratkartoffeln mit Speck und Zwiebeln

bunte Salatvariationen

17,50 Euro

Zanderfilets auf Steckrüben

dazu reichen wir Schwenkkartoffeln

17,80 Euro

Hotel Seeblick Engel   www.seeblick-engel.de
Dorfstrasse 18 · 24582 Mühbrook
Tel.: 0 43 22 - 69 90 90
Entfernung: 4 Km/ 7 Min
täglich von 11:30 bis 14:00 und 17:00 bis 22:00 Uhr,
sonn- und feiertags von 10:00 Uhr bis 22:00 Uhr durchgehend

Internationale Küche

INTERNATIONALE KÜCHE

Restaurant L.O.K.S. - Einfeld

Was und besonders gefiel:
Modern restaurierter Bahnhof mit schöner Atmosphäre
Neben europäischer Karte auch asiatische Speisen.
Das Besondere: im etwa monatlichen Wechsel zaubert die Küche neben den Standardangeboten Spezialitäten aus anderen Ländern.
Catering möglich.

Auszug aus der Speisekarte
Stand November 2016 (Änderungen vorbehalten)

VORWEG.
ZIEGENKÄSE. *im Speckmantel gebraten*
Hollunder-Birnenspalten / Ruccola   9,50

ANTIPASTIAUSWAHL. *gut für 2*
Zucchini in Balsamico / Paprika mediterrané /
vitello tonnato / Mozzarella / Möhren / Champignons /
Scampi in Knobidip   14,50

TAPASAUSWAHL. *gut für 2*
Gebratene Peperoni / Serranoschinken /
Balsamicoschalotten / Chorizo / Datteln in Speck /
Albondigas in Tomatensauce / Manchegokäse   14,50

FRISCH GEWOKT.
WÜRZIGES WOKGEMÜSE. *vegan*
Brokkoli / Kaiserschoten / Sojasprossen / Shitake-Pilze /
Paprika / Möhren / Zucchini   12,50

zusätzlich mit:
HÄHNCHENBRUSTSTREIFEN/Kokos-Soja-Marinade   14,50

DORSCHMEDAILLON/Limetten-Chili-Marinade   16,50

SCAMPI.*vom Grill* /   19,50

ENTENBRUSTSTREIFEN.*Soja-Sesam-Marinade*   17,50

RUMPSTEAKSTREIFEN.*Teriyaki-Pfeffer-Marinade*   18,50

BEILAGEN.
Basmatireis / Vollkornreis / Penne Rigate / Asianudeln

Gutschein für maximal vier Personen: Für jeden 1 Kaffee oder Espresso/Cappuccino gratis
Eingelöst am:

INTERNATIONALE KÜCHE

SCHLESWIG-HOLSTEIN –KÜCHE:

RÜBENMUS.
Kasseler I Kochwurst I Speckstippe[2,3]   15,80

SAUERFLEISCH. vom Nacken mit Remouladensauce I
Zupfsalat I Bratkartoffeln I Speck[2,3] I Zwiebeln   15,80

ROASTBEEF. rosa gebraten mit Remouladensauce I
Zupfsalat I Bratkartoffeln I Speck[2,3] I Zwiebeln   17,80

RINDERROULADE.
Apfelrotkohl I Kartoffelknödel   18,80

UNSERE KLASSIKER

KÜRBIS-KARTOFFELRÖSTI. vegan
Wasabi-Apfelkompott I Zupfsalat in Balsamico   13,80

LACHSFILET. Gebraten mit Safransauce I
Spinat-Ricotta-Ravioli I Kaiserschoten I Tomaten   17,80

HAMBURGER PANNFISCH.
Kabeljau I Lachs I Krabben I Rauchlachs I Brokkoli I
Möhren I Kapern-Senfsauce I Bratkartoffeln   19,80

L.O.K.S.-STEAKPFANNE. frisch angeschwenkt
Schweinefiletmedaillons I Champignonrahm I
mediterranes Gemüse I Bratkartoffeln   19,50

RUMPSTEAK.
Klassisch mit Zwiebeln I Champignons I
Zupfsalat I Ofenkartoffel I Sourcreme   23,50

L.O.K.S. – RESTAURANT   www.loks-restaurant.de
Einfelder Schanze 3 24536 Neumünster
(Altes Einfelder Bahnhofsgebäude)
Entfernung: 6 Km - 7 Minuten
Öffnungszeiten:
Täglich ab 17.00 Uhr
Sonntags Brunch mit Voranmeldung ab 10.00 Uhr - 14.00 Uhr

INTERNATIONALE KÜCHE

Restaurant Akropolis
Was uns besonders gefiel:
Gute griechische Küche
Griechische Atmosphäre
Speisen auch zum Mitnehmen („to go")

Auszug aus der Speisekarte
Stand November 2016 (Änderungen vorbehalten)

Grill-Teller

- 95 Artemis-Teller .... 14,50 €
  Gyros, Suflaki, Suzuki, Zaziki,
  Pommes, Reis und Zwiebeln
- 96 Olymp-Teller .... 15,00 €
  Gyros, Suflaki, Suzuki, Rinderleber
  Zaziki, Pommes, Reis und Zwiebeln
- 97 Kreta-Teller .... 15,50 €
  Gyros, Suflaki, Suzuki, Schweinesteak
  Zaziki, Pommes, Reis und Zwiebeln
- 98 Parga-Teller .... 15,50 €
  Suflaki, Suzuki, Schweinesteak, Rinderleber
  Zaziki, Pommes, Reis und Zwiebeln
- 99 Dionysos-Teller .... 15,50 €
  Gyros, Suflaki, Suzuki, Lammkotelett,
  Zaziki, Pommes, Reis und Zwiebeln
- 100 Korfu-Teller .... 16,90 €
  Schweinesteak, Lammkotelett, Hähnchenbrustfilet, Suzuki, Rinderleber,
  Zaziki, Pommes, Reis und Zwiebeln
- 101 Odysseus-Teller .... 15,50 €
  Gyros, Schweinefilet, Lammkotelett, Rinderleber,
  Zaziki, Pommes, Reis und Zwiebeln

Überbackene Gerichte

- 102 Gyros mit Metaxasauce und Käse überbacken .... 14,50 €
  Mit Reis und Pommes
- 103 Gyros mit Champignonsauce und Käse überbacken .... 14,50 €
  Mit Reis und Pommes
- 104 Schweinefilet mit Metaxasauce und Käse überbacken ...... 17,90 €
  Mit Reis und Pommes
- 106 Hähnchenbrustfilet mit Metaxasauce und Käse überbacken .... 14,90 €
  Mit Reis und Pommes
- 107 Lammfilet-Spezial .... 21,90 €
  Mit Schafskäse, Metaxasauce, Tomaten, Zwiebeln
  und Käse überbacken, dazu Reis und Pommes
- 108 Gemüseauflauf - für Vegetarier .... 12,00 €
  Verschiedenes Gemüse mit Metaxasauce und Käse überbacken

Gutschein für maximal zwei Personen: 10 % Rabatt beim ersten Besuch — Eingelöst am:

INTERNATIONALE KÜCHE

Unsere Pfännchengerichte

109 Gyros-Pfännchen..15,50 €
   Mit Metaxasauce, Champignons, Zwiebeln,
   Paprika, Reis und Pommes
110 Schnitzel-Pfännchen...15,50 €
   Mit Metaxasauce, Champignons, Zwiebeln,
   Paprika, Reis und Pommes
111 Hähnchenbrustfilet-Pfännchen...............................16,60 €
   Mit Metaxasauce, Champignons, Zwiebeln,
   Paprika, Reis und Pommes
112 Schweinefilet-Pfännchen.......................................17,50 €
   Mit Metaxasauce, Champignons, Zwiebeln,
   Paprika, Reis und Pommes
113 Schweinefilet-Pfännchen.......................................17,50 €
   Mit Champignonsauce, Zwiebeln,
   Paprika, Reis und Pommes
114 Lammfilet-Pfännchen..21,50 €
   Mit Metaxasauce, Champignons, Zwiebeln,
   Paprika, Reis und Pommes
116 Scampi-Pfännchen..................... 10stück.........20,50 €
   Mit Champignonsauce, Zwiebeln,
   Paprika, Reis und Pommes

Aus dem Backofen

117 Mousaka... 14,50 €
118 Lammkeule mit dicken Bohnen.................. 16,50 €
119 Lammkeule mit grünen Bohnen................. 16,50 €
120 Lammkeule mit Auberginen....................... 16,50 €
121 Lammkeule mit Spaghetti.......................... 16,50 €
122 Lammkeule mit Okra-Gemüse.................... 16,50 €
123 Stifado.. 16,50 €
   Lammkeule mit Silberzwiebeln

Für den kleinen Appetit

125 Mykonos-Teller... 9,00 €
   Gyros, grüner Salat, Zaziki und Reis
126 Lefkas-Teller.. 9,00 €
   Suflaki, grüner Salat, Zaziki und Reis
127 Athen-Teller... 9,00 €
   Schweinefilet, grüner Salat, Zaziki und Reis
128 Naxos-Teller.. 9,00 €
   Suzuki, (Hacksteak) grüner Salat, Zaziki und Reis
129 Apollon-Teller.. 8,50 €
   Leber, grüner Salat, Zaziki und Reis
130 Hellas-Teller... 10,50 €
   Gyros mit Schweinesteak, grüner Salat, Zaziki und Reis

Restaurant Akropolis   www.akropolis-wattenbek.de
Brügger Chaussee 27   24582 Wattenbek
Tel:. 04322 888159
Geöffnet: Täglich außer Dienstag 17.00-23.00 Uhr
Warme Küche bis 22.00 Uhr

INTERNATIONALE KÜCHE

Italienisch: Villa Coloniale

Was uns besonders gefiel:
Gepflegtes italienisches Ambiente
Feine italienische Küche
Schöne Lage am Lindenplatz
Wanderung um den See gleich vom Hause aus

Auszug aus der Speisekarte
Stand November 2016 (Änderungen vorbehalten)

Fleischgerichte

Carne di manzo (Fleischgerichte vom Rind)

Bistecca al balsamico Rumpsteak (250gr) gebraten mit frischem Knoblauch, Roismarin und Chilli in einer Balsamicosauce	19,50 €
Bistecca al pepe Rumpsteak (250gr) in einer Pfeffersauce	19,50 €
Bistecca Rucola e Grana Rumpsteakscheibe (250gr) belegt mit Rucola, groben Parmesanraspeln, Knoblauch und Cherrytomaten	19,50 €
Bistecca con porcini Rumpsteak (250gr) mit Steinpilzen in einer Rahmsauce	21,00 €

Fleischgerichte vom Schwein

Scaloppine dello chef Schweinerückenmedaillons mit Pfifferlingen, Parmaschinken und Basilikum in einer Sahnesauce	14,90 €
Scaloppine alla Romana Schweinerückenmedaillons belegt mit Schinken und Mozzarella in einer Tomatensauce	14,90 €
Scaloppine Noci e Gorgonzola Schweinerückenmedaillons mit Champignons und walnüssen in einer Gorgonzolasauce	14,90 €
Scaloppine ripiena Schweinerücken gefüllt mit Emmentaler und Parmaschinken in einer Salbei-Sahne-Sauce	15,50 €

Alle Fleischgerichte werden mit Rosmarinkartoffeln und Tagesgemüse serviert!

Pizza

Pizzen in reicher Auswahl   von 8.50€ bis 10,00€
sowie nach eigenen Vorstellungen

Gutschein für maximal zwei Personen:
10 % Rabatt beim ersten Besuch
Eingelöst am:

INTERNATIONALE KÜCHE

Fisch

Scampi und Calamari all aglio Scampi und Tintenfisch mit frischen Kräutern, Knoblauch und Chilli	18,90 €
Lucioperca alle verdure gebratenes Zanderfilet auf Safran-Gemüse (Zucchini, Aubergine, Möhren, Porree, Cherrytomaten und Knoblauch	17,90 €
Lucioperca all' arancia Zanderfilet mit Thymian in einer Orangensauce	16,90 €
Lucioperca al curry Zanderfilet mit Cherrytomaten und Basilikum in einer Currysauce	16,90 €
Calamari alla Griglia gebratene Tintenfische mit frischen Kräutern, Olivenöl, Knoblauch und Chilli	16,90 €
Calamari al forno Tintenfisch mit Garnelen, Porree, frischen Tomatenwürfeln und Knoblauch in einer Weissweinsauce. Im Ofen gratiniert	16,90 €

Alle Fischgerichte werden mit einem kleinen gemsichten Salat serviert!

Salate

Insalata di Rucola e Pomodori Tomatensalat auf Rucola mit roten Zwiebeln, Oliven, Fetakäse, Pinienkernen und Basilikum	8,50 €
Insalata Speciale großer gemischter Salat mit verschiedenem gebratenem Gemüse und Hähnchenbruststreifen	9,80 €
Insalata con Parma e noci großer gemischter Salat mit Parmaschinken, Mozzarella, getrockneten Feigen und Walnüssen	11,50 €
Insalata con Tonno großer gemischter Salat mit Thunfisch und Fetakäse	8,90 €
Insalata con Scampi großer gemischter Salat mit Scampi und Parmesankäse	13,50 €
Insalata del Buongustaio großer gemischter Salat mit Rumpsteakstreifen, Cashewkernen und geriebenem Ricotta Käse	13,50 €

Alle Salate werden mit hochwertigem Olivenöl und Balsamicoessig gereicht!

Villa Coloniale   www.villacoloniale.de
Lindenplatz 6   Tel.: 04322 886744
Dienstag bis Samstag 17.00 bis 23.00 Uhr
Sonntags 17.00 – 22.00 Uhr
Montags geschlossen

INTERNATIONALE KÜCHE

Restaurant Belgrad

Was uns besonders gefiel:
Freundlicher Familienbetrieb
Schmackhafte serbische Küche
Verkauf auch – gut verpackt – außer Haus

Eingelöst am:

Gutschein für maximal zwei Personen: 10 % Rabatt beim ersten Besuch

Auszug aus der Speisekarte
Stand November 2016 (Änderungen vorbehalten)

Hauptgerichte

23. LJUBLJANA (Cordon bleu)
Schnitzel gefüllt mit Schinken und Käse,
Reis, Pommes Frites und Salat......................... 13,50 €

24. RUMPSTEAK (Natur vom Rost)
mit Pommes Frites, Bohnen und Salat............ 17,50 €

25. LUSTIGER BOSNJAK
Rinderfilet, gefüllt mit Schinken und Käse,
dazu Djuwetschreis und Salat........................ 20,00 €

26. WESCHALICA
Schweinefilet mit Pommes Frites u. Salat....... 14,50 €

27. MEDAILLON
Filet vom Grill mit Gemüse, Djuwetschreis
und Salat.. 14,50 €

28. RÄUBERSPIESS
diverse Fleischsorten am Spieß mit
durchwachsenem Speck, dazu
Djuwetschreis und Salat. .... 13,00 €

29. LAMMFILET
mit grünen Bohnen, Djuwetschreis und Salat. 18,00 €

30. MIX Grill
Ein Kotelett, Ein Hacksteak, Ein Speck,
Ein Schweinefilet, Ein Rumpsteak mit
Kroketten, Butterreis, Käse, Salat.................... 16,50 €

31. STEAK - TELLER
Schweinefilet, Rinderfilet, Rumpsteak mit
Gemüse, Kroketten, Butterreis und Salat........ 18,50 €

INTERNATIONALE KÜCHE

34. MAKEDONSKI CEVAP
drei kleine Hacksteaks mit Champignonsauce,
Kroketten, Butterreis und Salat......................... **13,00 €**

35. SCHWEINEFILET
gefüllt mit Käse, Djuwetschreis,…………………
Pommes Frites und Salat............................. **15,50 €**

36. RINDERFILET
gefüllt mit Käse, Djuwetschreis………………
und Salat.. **21,00 €**

44. RINDERFILET
mit Pommes Frites, Zwiebeln, Pilzen und Salat **21,50 €**

50. PUTENSTEAK
mit Bratkartoffeln, Gemüse und Soße
dazu Salatbeilage....................................... **13,00 €**

52. NACKENSTEAK
mit gerösteten Zwiebeln und Knoblauchbrot
dazu Salatbeilage....................................... **12,00 €**

53. SCHWEINESTEAK
mit gerösteten Zwiebeln und Bratkartoffeln
dazu Salatbeilage....................................... **14,00 €**

Für den kleinen Hunger:

57. SCHNITZEL "WIENER ART"
mit Pommes Frites und Salat...................... **9,50 €**

58. Ein RAZNJIC
mit Pommes Frites und Salat...................... **9,00 €**

59. Vier CEVAPCICI
mit Pommes Frites und Salat...................... **9,00 €**

60. SENIORENTELLER
2 Schweinefilets mit Kräuterbutter,
Gemüse und Pommes Frites....................... **11,00 €**

Restaurant Belgrad   www.restaurantbelgrad.de
Holstenstraße 10, 24582 Bordesholm
Tel.: 04322 6210
Öffnungszeiten:
Mo, Di, Do, Fr, Sa: 17:30–23:00
Sonntags 12:00–14:30 und 17:30–23:00

Lohnende Ausflüge

Wikingturm, Schleswig

Seeprinz Plön

LOHNENDE AUSFLÜGE

Wikingturm Schleswig
Was uns besonders gefiel:
Herrlicher Blick aus dem 27. Stock über die Schlei
Gepflegte Speisen, insbesondere Fisch
Interessant: Altstadt mit Dom (Brüggemann-Altar) und Fischerholm
Bei schlechtem Wetter: Schloss Gottorf und seine Museen

Auszug aus der Speisekarte
Stand November 2016 (Änderungen vorbehalten)

Hinter dem Deich

Paniertes Schnitzel „Wiener Art" [1,3,7]
   mit Pommes Frites   12,50 €

Jägerschnitzel [1,3,7]
   mit Champignon-Zwiebel, Champignonsauce [2,7,9,14]
   und Kroketten   14,90 €

Putensteak gebraten ca. 250 gr.
   auf Marktgemüse mit Kräuterbutter
   wahlweise: Bratkartoffeln, Pommes oder Kroketten   19,90 €

Husumer Rumpsteak aus der Region ca. 200 gr.
   medium gebraten mit Kräuterbutter,[9] wahlweise mit:
   Marktgemüse oder Champignon und Zwiebeln
   Bratkartoffeln, Pommes Frites oder Kroketten   19,90 €

Unsere Spezialität:
Kalbsbäckchen vom Angelner Schrotmastkalb aus Satrup
   24 Stunden im Ofen gegart
   auf Champignon-Zwiebelbett und Kalbsjus
   mit hausgemachten Serviettenknödel   17,90 €

hausgemachtes, gepökeltes Sauerfleisch
   ohne Konservierungsmittel und Geschmacksverstärker
   mit Bratkartoffeln   10,90 €

zartes Matjesfilet
   mit Bratkartoffeln
   und Apfel-Zwiebel-Schmand [3,7,9]   10,90 €

LOHNENDE AUSFLÜGE

Vor dem Deich

„Schleswiger Fischfilet"
in Weißwein gedünstet mit Gemüsejulienne
auf würziger Senfsauce[1,7,9,10] und Salzkartoffeln 14,90 €

Scholle gebraten
mit Bratkartoffeln und kl. Blattsalat 15,90 €

„Pannfisch"
verschiedene Sorten vom Fisch mit Senfsauce,
Bratkartoffeln und kl. Blattsalat 15,90 €

Lachsschnitte gebraten auf Spinat
mit Bandnudeln und Mandeln in Rahm 17,50 €

Heringe gebraten
mit Bratkartoffel und kl. Blattsalat 13,50 €

vegan & vegetarisch

rote Linsentaler [1,8,11] „orientalisch"
mit 20 verschiedenen Gewürzen in Rapsöl gebraten
auf Ratatouille Gemüse [9,10,14]
und gebratenen Kartoffeln 13,50 €

Veggieburger
aus Quinoa und Amarnth, das Korn der Azteken
in Rapsöl gebraten mit Coleslaw
und Salatbeilage mit versch. Dressings 13,50 €

Unsere Speisen, Gewürzmischungen, Dressings, Suppen oder Saucen bereiten wir nach hauseigenem Rezept zu **ohne** Konservierungsmittel, Geschmacksverstärker oder Farbstoffe

---

Restaurant Wikingturm wikingturm-restaurant.de
Wikingeck 5   24837 Schleswig
Telefon: 04621 – 33040
Entfernung: 55 Km / 37 Minuten
Di, Mi, Do, Fr, Sa   warme Küche 12 - 14 und 18 - 21:00 Uhr
Café: 12 - 21:30 Uhr
Sonntags ab 11:30 Uhr Montag Ruhetag

LOHNENDE AUSFLÜGE

Plön Restaurant Seeprinz

Was uns besonders gefiel:
Herrliche Lage am (besser: auf) dem Plöner See
Gepflegte Speisen
Direkt am Wanderweg bis zur Prinzeninsel
Bahnhof und Schiffsanlegestelle in unmittelbarer Nähe

Auszug aus der Speisekarte
Stand November 2016 (Änderungen vorbehalten)

Hauptgerichte

Der deftig-fruchtige Prinz — 13,50
Kassler Kamm auf Aprikosensauce
Mit Butterspätzle und Speckrosenkohl

Seeprinzen-Geschnetzeltes — 14,90
Filetgeschnetzeltes vom Schwein
In Champignon-Trüffel-Rahm mit Bärlauch-Spätzle

Der zarte Seeprinz (Ein Traum!) — 16,80
Gebratene Kalbsleber mit glasierten Äpfeln,
geschmorten Zwiebeln und gebuttertem Kartoffelpürée

Seeprinzensteak (Eine echte Seesünde!) — 23,50
Ca. 300gr. Rumpsteak vom Grill mit würziger Pfeffersauce,
Schmorzwiebeln, Bratkartoffeln und knackigem Salat

Der ultimative BBQ-Prinz — 12,90
Hausmarinierte Spareribs vom Grill
mit Barbecue-Sauce, Pommes frites und kleinem bunte Salat

Das echte Wiener! — 18,30
Wiener Schnitzel vom Kalb
an Preiselbeer-Waldpilzragout und Pommes frites

Entenprinz — 16,80
Knusprige 1/ Ente auf selbstgezogener Sauce
mit Bauernrotkohl und hausgemachten Kartoffelknödeln

Der Seeprinz-Burger (Ein Genuss!) — 14,80
200 gr. reines Rindfleisch vom Grill mit knackigem Salat,
Käse, Tomate, Zwiebeln, Gewürzgurke, Barbecue-Sauce,
in rustikalem Hamburger-Brötchen mit knusprigen Pommes frites

Gutschein für maximal zwei Personen: 10 % Rabatt beim ersten Besuch — Eingelöst am:

LOHNENDE AUSFLÜGE

Fischer's Prinz

Seeprinzbarsch   17,80
Frisches Barschfilet vom Ascheberger Fischer natur gebraten
auf Dijon-Senf-Sauce mit in Butter geschwenkten Gemüsestreifen
und Spätzle

Forellenprinz   16,80
Frische Forelle vom Ascheberger Fischer nach „Müllerin-Art"
mit Preiselbeer-Sahnemeerrettich, Bratkartoffeln und
Gurken-Dill-Salat

... nicht nur für Vegetarier

Der einzigartige Prinz   13,20
Pasta Rustico mit einer kräftigen Füllung aus Provolone-Käse
und getrockneten Tomaten in fruchtiger Tomatensauce

Der leidenschaftliche Prinz   15,20
Pasta Rustico mit einer cremigen Füllung aus Steinpilzen,
Ricotta, frischen Kräutern und schwarzem Pfeffer
In feiner Waldpilzsauce

Restaurant Seeprinz   www.seeprinz-ploen.de
Strandweg 1   24306 Plön Tel.: 04522 789 71 55
Entfernung: 27 Km/40 Minuten
Mo & Di geschlossen!
Mi & Do   von 11:00 Uhr bis 22:00 Uhr geöffnet
Fr, Sa & So von 10:00 Uhr bis 22:00 Uhr geöffnet

LOHNENDE AUSFLÜGE

StrandHaus Schwedeneck

Was uns besonders gefiel:
Schick restauriertes Restaurant
Herrliche Lage mit Blick über die Ostsee und Strandterrasse
Wandermöglichkeiten entlang der bewaldeten Steilküste
Deutsche und spanische Küche
Wechselnde Fischgerichte aus täglichem Einkauf

Auszug aus der Speisekarte

Stand November 2016 (Änderungen vorbehalten)

Tapas (kalt)

Jamon Serrano Serranoschinken mit Melone	5,80
Queso Manchego Manchegokäse mit Obst	5,80
Tomate secos Würzige getrocknete Tomaten	4,00

Tapas calientes (warm)

Cebollas con Balsamico Zwiebeln in Balsamico und Honig	4,00
Pulpo a la Gallega Krake mit Meersalz	5,50
Gambas al Ajilio con Vino Knoblauchgarnelen mit Weißwein	6,00
Datiles con Bacon Datteln und Pflaumen im Speckmantel	4,50
Papas Arugadas Runzelkartoffeln mit Meersalz	5,00
Albondigas en Salsa de Tomate Hackfleischbällchen in Kräuter-Tomaten-Sauce	4,50
Verduras a la parrella Gemüse auf der Grillplatte	4,00
Tortilla Kartoffelomelette	4,00
Tapasteller mit verschiedenen kalten und warmen Spezialit	16,80

Alle Tapas servieren wir mit ofenfrischem Baguette.

Gutschein für maximal zwei Personen:
10 % Rabatt beim ersten Besuch
Eingelöst am:

LOHNENDE AUSFLÜGE

Fleischgerichte
Iberico Schweinerückensteak
mit Süßkartoffelstampf und mediterranem
Gemüse. Iberico Fleisch ist sehr zart
und hat einen leicht nussigen Geschmack. 22,50

Susländer Schweinefilet
auf gegrillten Tomaten mit Speckpflaumen 16,80

Rumpsteak
ca. 220 g Rohgewicht serviert mit
Manchego und Grilltomaten 22,50

Grillteller
Verschiedene Filets gegrillt mit
mediterranem Gemüse 16,80

Fischgerichte
Zanderfilet
auf der Haut gebraten mit
mediterranem Gemüse 18,50

Mariniertes Lachsfilet
auf andalusische Art
an mediterranem Gemüse 17,50

Marinierte Dorado gegrillt
mit Zitronen und Kräuter gefüllt
an mediterranem Gemüse 17,50

Mediterraner Fischteller
mit verschiedenen Filets und Gemüse 16,80

Zu diesen Gerichten reichen wir hausgemachte Kräuter-Röstkartoffeln oder Parmesannudeln.

Schwedeneck   www.schwedeneck.de
Strandstraße 24 · 24229 Dänisch-Nienhof
Entfernung: 43Km/34 MinutenStrandHaus
Tischreservierung (angeraten): Tel. (0 43 08) 2 12
Geöffnet: Dienstag bis Sonntag 10.00 bis 23.00 Uhr

Auswahl in der Reihe Bordesholmer Edition erschienener Bücher:
Stand: Dezember 2016

Kriminalromane:

Bd. 1: Das Grab auf der Insel
Der erste Bordesholmkrimi
von Jürgen Baasch, Lydia Glaubke, Charlotte Günther,
Ines Reich und Hartmut Wiedling
ISBN 978-3-8448-0006-7   172 Seiten   Preis 9,90€

Bd. 5: Schmalsteder Beifang
Der zweite Bordesholmkrimi
von Jürgen Baasch, Silvia Biener, Charlotte Günther,
Diana Kühl und Hartmut Wiedling
ISBN 978-3-8482-2419-7   164 Seiten   Preis 9,90€

Bd. 10: Lotosblüte
Der dritte Bordesholmkrimi
von Jürgen Baasch, Kirsten Frahm, Charlotte Günther,
und Hartmut Wiedling
ISBN 978-3732-28658-4   176 Seiten   Preis 9,90€

Bd. 17: Die Seminaristin
Der vierte Bordesholmkrimi
von Jürgen Baasch, Kirsten Frahm, Charlotte Günther,
und Hartmut Wiedling
ISBN 978-3-7357-7074-5   184 Seiten   Preis 9,90€

Bd. 24: Giftwasser
Der fünfte Bordesholmkrimi
von Jürgen Baasch, Elmer Schmidt und Henning Thomsen
ISBN 978-3-7392-0249   208 Seiten   Preis 9,90€

Bd. 27: Bombenstimmung
Der fünfte Bordesholmkrimi
von Jürgen Baasch, Elmer Schmidt und Henning Thomsen
ISBN 978-3-7431-1919-2   192 Seiten   Preis 9.90€

Bd. 4: Krimidinner
Kriminalroman
von Hartmut Wiedling
ISBN 978-3848-21971-1   260 Seiten   Preis 14,90€

Weitere Romane:

Bd. 12: Letztes Jahr
Satirischer Endzeitroman
von Hartmut Wiedling
ISBN 978-3-7322-8940-0   156 Seiten   Preis 9,90€

Bd. 16: Klosterbrut
Gesellschaftspolitischer Zukunftsroman
von Hartmut Wiedling
ISBN 978-3-8370-8979-0   208 Seiten   Preis 10,90€

Bd. 23: Halleluja Sakra
Das Muthenberger Missgeschick mit den Gebeinen
Eine historische Mühbrooker Heimatgeschichte
von Detlef Tanneberger
ISBN 978-3-7357-5643-5   236 Seiten   Preis 11,95€

Bd. 28: Lisbeth
Autobiografischer Roman
Von Lisa Olivia del Bosco
ISBN 978-3-7431-3759-2   192 Seiten   Preis 14,95€

Literaturwerkstatt:

Bd. 3: Das Licht
und andere Erzählungen
von Jürgen Baasch, Kirsten Frahm,
Viktor Vogt und Hartmut Wiedling
ISBN 978-3848-22711-2   136 Seiten   Preis 8,90€

Bd. 6: Murmelspiel und Schabernack
Alltagsgeschichten aus unserer Nachkriegskinderzeit
Biografische Reihe, Hrsg. Jürgen Baasch
ISBN 978-3848241415   168 Seiten   Preis 10,90€

Bd. 7: Biografische Splitter
Hrsg. Elmer Schmidt und Jürgen Baasch
Erzählungen - Biografische Reihe
ISBN 978-3-7322-3098-3   138 Seiten   Preis 9,90€

Bd. 19: Nordlicht
Heimatgeschichten - Biografische Reihe
Herausgegeben von Jürgen Baasch
ISBN 978-3-7357-7572-6   180 Seiten   Preis 9.90€

Bd. 25: Menschen und Märkte
Texte von 10 Autoren aus Bordesholm und Umgebung
Herausgegeben von Jürgen Baasch
ISBN 978-3-7393-4090   280 Seiten   Preis 10,99€

Ungewöhnliches:

Bd. 2: De Borsholmer Jedemann
Hugo v. Hofmannsthal sien Stück,
in`t Plattdüütsche sett vun Jürgen Baasch
ISBN 978-3848-21806-6   128 Seiten   Preis 8,90€

Bd. 11: Rezepte für die faule Hausfrau
Kleines Kochbüchlein ohne Anspruch auf Michelinsterne
von Durannimo von der Wied
ISBN 978-3732-28628-7   52 Seiten   Preis 4,50€

Bd. 29: Rezepte für den faulen Hausmann
Vorschläge für gelungene Einladungen
Herausgegeben von Jürgen Baasch und Hartmut Wiedling
ISBN 978-3743-14072-1   52 Seiten   Preis 4,50€

In Vorbereitung:

Bd. 30: Auf der Heide
Gedichte von Theodor Storm
in Plattdeutsch gesetzt von Knut Emeis
ISBN 978-3-7431-xxx   48 Seiten   Preis xxx €

Die Fotos 1 und 3 auf S. 43 sind – mit Genehmigung der betreffenden Restaurants - deren Internetveröffentlichungen entnommen. Foto 2: Wiedling

Bordesholmer Edition
eine Reihe für Autoren von Bordesholm und Umgebung
Herausgeber: J. Baasch und H. Wiedling, Bordesholm
bordesholmer.edition@yahoo.de

Herstellung und Verlag:
BoD - Books on Demand, Norderstedt
ISBN 9783743140721